Das vorliegende Buch beinhaltet eine Vielfalt von Kochrezepten aus der internationalen Küche. Der Inhalt richtet sich vor allem an sparsame Haushalte und an all diejenigen, die ihre ersten Versuche in der Welt des Kochens unternehmen wollen. Bewusst wurden simple und kostengünstige Rezepte aufgeführt, um den Lesern zu zeigen, dass Kochen weder kompliziert noch kein teures Vergnügen ist, wenn man weiß wie es geht.

Nach jahrelangen Erfahrungen als Koch und Gastronom im internationalen Hotel- und Restaurantbusiness ist es Ziel des Autors, durch simple Beispiele zu zeigen, wie einfach und schnell verschiedene Rezepte zuzubereiten sind, die uns tagtäglich in den Menükarten begegnen.

GROSCHENREZEPTE

Bunte Rezepte Für Sparsame Haushalte

LEVENT GÜLKÖK

Bibliografische Information der Deutschen
Nationalbibliothek:
Die Deutsche Nationalbibliothek
verzeichnet diese Publikation
in der Deutschen Nationalbibliografie;
detaillierte bibliografische
Daten sind im Internet über
http://dnb.dnb.de abrufbar.

©2018 Levent Gülkök
Herstellung und Verlag:
BoD – Books on Demand, Norderstedt

ISBN: 978-3-7528-2300-4

INHALTSVERZEICHNIS

SUPPEN

SALATE

INHALTSVERZEICHNIS

PASTA

REISGERICHTE

INHALTSVERZEICHNIS

EINTÖPFE

AUFLÄUFE

INHALTSVERZEICHNIS

PINTXOS

TAPAS

SUPPEN

TOMATENSUPPE

ZUTATEN

1	KG	Reife Tomaten
2	Glas	Wasser
1	EL	Olivenöl
1	Prise	Salz
1	Prise	Pfeffer
1	Kleine	Zwiebel
1	EL	Tomatenmark
1	Prise	Thymian

ZUBEREITUNG

Zuerst die Zwiebel fein hacken. Das Olivenöl in einem Topf erhitzen. Die feingehackte Zwiebel dazugeben und glasig dünsten.

Die reifen Tomaten in kleine Stücke würfeln und ebenfalls in den Topf geben. Circa 25 Minuten köcheln lassen und abschließend mit einem Pürierstab pürieren.

Das Wasser sowie das Tomatenmark hinzugeben und verrühren. Anschließend mit Salz, Pfeffer und Thymian abschmecken. Je nach Wunsch solange köcheln lassen bis die gewünschte Dickflüssigkeit erreicht ist.

LAUCHSUPPE

ZUTATEN

3	Große	Lauchstangen
1	Große	Kartoffel
1	EL	Butter
1	EL	Olivenöl
1	Glas	Gemüsebrühe
1	Liter	Wasser

ZUBEREITUNG

Butter im Kochtopf zerlassen. Olivenöl hinzufügen. Kartoffeln waschen, schälen und kleinschneiden. Den Lauch in kleine Scheiben schneiden und in den Topf geben. Das Wasser und die Gemüsebrühe mit den Kartoffeln zugeben und aufkochen. Bei kleiner Hitze circa 25 Minuten köcheln lassen, bis das Gemüse aufgeweicht ist. Abschließend den Topf vom Herd nehmen und mit dem Pürierstab pürieren. Nochmal kurz zum köcheln bringen.

KAROTTENSUPPE

ZUTATEN

1	KG	Karotten
1	Große	Kartoffel
1	Glas	Gemüsebrühe
1	Prise	Salz
1	Prise	Pfeffer
1	Prise	Majoran
1/2	Liter	Wasser

ZUBEREITUNG

Kartoffeln und Karotten schäle, waschen und in kleine Stücke würfeln. Abschließend in einem Topf mit dem Wasser und der Gemüsebrühe circa 25 Minuten weichkochen.

Wie gewohnt mit dem Pürierstab pürieren. Mit Salz, Pfeffer und Majoran abschmecken.

FENCHELSUPPE

ZUTATEN

3	Mittelgroße	Fenchelknollen
1	Große	Zwiebel
1	Liter	Wasser
2	Große	Kartoffel
1	EL	Butter
1	Glas	Gemüsebrühe
2	Prise	Salz
1	Prise	Pfeffer

ZUBEREITUNG

Die Zwiebel schälen und fein hacken. Den Fenchel waschen, putzen und ebenfalls in kleine Stücke schneiden. Beides in einem Topf mit der Butter anschwitzen und anschließend mit der Gemüsebrühe ablöschen.

Die Kartoffel schälen, würfeln und der Suppe beigeben. 25 Minuten weichkochen. Zum Schluss mit dem Pürierstab pürieren und mit Salz und Pfeffer würzen.

ZUCCHINISUPPE

ZUTATEN

6	Große	Zucchini
1	Mittelgroße	Zwiebel
1	Mittelgroße	Kartoffel
1	EL	Pflanzenöl
1/2	Liter	
	Gemüsebrühe	
1/2	Liter	Wasser
1	Prise	Salz
1	Prise	Pfeffer

ZUBEREITUNG

Die Zwiebel schälen und fein hacken. Die Zucchini sowie die Kartoffel waschen und ebenfalls in kleine Stücke schneiden. Die kleingehackten Zwiebel in einem Topf mit dem Pflanzenöl anschwitzen. Mit der Gemüsebrühe ablöschen.

Wasser, Zucchini sowie die Kartoffel hinzugeben und circa 25 Minuten weichkochen. Zum Schluss mit dem Pürierstab grob pürieren und zum Schluss mit Salz und Pfeffer würzen.

SELLERIESUPPE

ZUTATEN

2	Große	Kartoffeln
6	Stangen	Sellerie
1	Mittelgroßer	Selleriekopf
1	Mittelgroße	Zwiebel
1	Zehe	Knoblauch
1	Liter	Brühe
1	Prise	Salz, Pfeffer
1	EL	Pflanzenöl

ZUBEREITUNG

Die Zwiebel und den Knoblauch schälen und fein hacken. Den Selleriekopf sowie die Kartoffeln schälen und zusammen mit den Selleriestangen klein würfeln. Zwiebel und Knoblauch in einem Topf mit dem Pflanzenöl anschwitzen. Abschließend mit der Gemüsebrühe ablöschen. Wasser, Sellerie sowie die Kartoffel hinzugeben.

25 Minuten weichkochen. Zum Schluss mit dem Pürierstab grob pürieren und anschließend mit Salz und Pfeffer abschmecken.

KARTOFFELSUPPE

ZUTATEN

1	KG	Kartoffeln
1	Mittelgroße	Zwiebel
2	EL	Öl
1/2	Liter	Brühe
1/2	Liter	Wasser
1	Prise	Salz
1	Prise	Pfeffer

ZUBEREITUNG

Die Zwiebel schälen und fein hacken. Die Kartoffel schälen, waschen und ebenfalls in kleine Stücke schneiden.

Die kleingehackten Zwiebel in einem Topf mit dem Pflanzenöl anschwitzen. Mit der Gemüsebrühe ablöschen.

Wasser sowie die Kartoffel hinzugeben. Circa 25 Minuten weichkochen. Zum Schluss mit dem Pürierstab grob pürieren und zum Schluss mit Salz und Pfeffer würzen.

SPARGELSUPPE

ZUTATEN

12	Stangen	Spargel
1	Mittelgroße	Zwiebel
2 1/2	Liter	Wasser
3	EL	Butter
1	EL	Pflanzenöl
1	EL	Salz
3	EL	Mehl
1	Prise	Pfeffer

ZUBEREITUNG

Die Zwiebel schälen und fein hacken. Den Spargel schälen, waschen und ebenfalls in kleine Stücke schneiden. Die kleingehackte Zwiebel in einem Topf mit dem Pflanzenöl anschwitzen. Mit dem Wasser ablöschen und Salz sowie den Spargel hinzugeben. Circa 30 Minuten kochen.

Sobald der Spargel genügend weich ist, mit dem Pürierstab pürieren. In einem kleinen Topf Mehl und Butter anschwitzen. Die Mehlschwitze langsam unterrühren und mit einer Prise Pfeffer würzen.

GRÜNKOHLSUPPE

ZUTATEN

600	GR	Grünkohl
2	Große	Kartoffeln
1	Mittelgroße	Zwiebel
1	EL	Pflanzenöl
1/2	Liter	Brühe
1	Prise	Salz
1	Prise	Pfeffer

ZUBEREITUNG

Die Zwiebel schälen und fein hacken. Die Kartoffel schälen und waschen. Den Grünkohl waschen und mit den Kartoffeln klein schneiden.

Die kleingehackte Zwiebel in einem Topf mit dem Pflanzenöl anschwitzen. Mit der Gemüsebrühe ablöschen.

Grünkohl sowie die Kartoffel hinzugeben und weichkochen. Zum Schluss mit dem Pürierstab grob pürieren und zum Schluss mit Salz und Pfeffer würzen.

JOGHURTSUPPE

ZUTATEN

500	GR	Joghurt
1/2	Liter	Hühnerbrühe
2	EL	Pflanzenöl
1	Mittelgroße	Zwiebel
1	EL	Minze
125	GR	Butter
1	TL	Salz
200	GR	Reis
2	EL	Mehl
1	Prise	Pfeffer

ZUBEREITUNG

Die Zwiebel kleinschneiden und mit 2 EL Öl in einen Topf anschwitzen. Mit der Hühnerbrühe ablöschen. Den zuvor gewaschenen Reis hinzugeben. 15 Minuten köcheln lassen.

Den Joghurt mit Mehl, Butter und einer Kochkelle Brühe zügig verrühren und in den Topf langsam unterrühren. Bei schwacher

Hitze und gelegentlichem Umrühren ziehen lassen.

Zum Schluss mit Salz, Pfeffer und die getrocknete Minze hinzugeben und abschmecken.

SALATE

TOMATENSALAT

ZUTATEN

4	Große	Tomaten
1	EL	Balsamico
5	EL	Olivenöl
1	EL	Honig
1	Prise	Salz
1	Prise	Pfeffer
6	Blätter	Basilikum

ZUBEREITUNG

Die Tomaten waschen, den Stielansatz entfernen und die Tomaten in kleine Würfel schneiden. Balsamico in eine Schüssel geben, das Olivenöl dazugeben und gut verrühren.

Honig, Salz und Pfeffer dazugeben. Die Basilikumblätter waschen, klein schneiden und unterrühren. Die geschnittenen Tomaten in die Vinaigrette geben und vermischen.

GURKENSALAT

ZUTATEN

1	Große	Salatgurke
5	EL	Pflanzenöl
3	EL	Kräuteressig
1	Prise	Salz
1	Prise	Pfeffer
1	TL	Zucker
1	EL	Wasser
1	Bund	Dill

ZUBEREITUNG

Die Gurke schälen und in Scheiben hobeln. In eine Schüssel geben und mit Salz bestreuen. Circa 30 Minuten ziehen lassen.

Danach 5 EL Öl und 3 EL Essig darüber geben. Mit Pfeffer und Zucker abschmecken. Ein wenig Wasser und den kleingehackten Dill untermengen. Kurz noch mal durchziehen lassen.

ZUCCHINISALAT

ZUTATEN

1	KG	Zucchini
6	EL	Zucker
2	TL	Salz
1	Prise	Pfeffer
2	TL	Senfkörner
1	Bund	Dill
2	Mittelgroße	Zwiebel
6	EL	Kräuteressig

ZUBEREITUNG

In einer Schüssel Essig, Salz, Zucker, Pfeffer, Senfkörner und Dill gut miteinander vermischen. Die Zucchini entkernen.

Die Zwiebeln und die Zucchini in Scheiben schneiden und dazugeben. Alles gut miteinander vermengen und servieren.

AUBERGINENSALAT

ZUTATEN

2	Mittelgroße	Auberginen
1	Mittelgroße	Zwiebel
4	EL	Apfelessig
1	TL	Senf
6	EL	Olivenöl
1	Prise	Salz
1	Prise	Pfeffer
2	EL	Wasser

ZUBEREITUNG

Die Auberginen waschen und ungeschält in etwa 2 x 2 cm große Stücke schneiden. Die Würfelstücke in eine Schüssel geben, Salz, Pfeffer und 2 EL Olivenöl dazugeben und gut vermischen.

Ein Ofenblech mit Backpapier bedecken und die Würfel darauf verteilen. Das Ganze bei 180° C im Ofen backen, bis die Würfel leicht gebräunt sind.

Für die Zubereitung der Sauce die Zwiebel klein würfeln und mit Senf, Apfelessig,

restlichem Olivenöl, Salz, Pfeffer und 2 EL
Wasser gut mischen.

Die Auberginenwürfel direkt aus dem Ofen
in die Sauce geben und durchmischen. Etwa
30 Minuten ziehen und abkühlen lassen. Je
nach Gusto kann man diesen Salat mit
verschiedenen anderen Zutaten bereichern.

PANZANELLA

ZUTATEN

1	Halbes	Baguette
5	EL	Olivenöl
5	Große	Tomaten
1	Mittelgroße	Salatgurke
1/2	Bund	Petersilie
1/2	Bund	Thymian
2	Zweige	Rosmarin
1	Zehe	Knoblauch
1	Prise	Salz
1	Prise	Pfeffer

ZUBEREITUNG

Den Backofen auf 180 Grad vorheizen. Das Baguette in 2 cm Würfel schneiden und auf ein Backblech verteilen sowie mit Olivenöl beträufeln. Die Brotwürfel im Backofen rösten und danach vollständig abkühlen lassen.

Die Tomaten ebenfalls in 2 cm Würfel schneiden. Die Salatgurke längs halbieren und ebenfalls in Würfel schneiden. Die

Kräuter klein hacken und mit dem ebenfalls gehackten Knoblauch, Meersalz, Pfeffer vermischen. Das restliche Olivenöl langsam dazugeben.

Die Soße zu den Tomaten- und Gurkenwürfeln geben und etwa 15 Minuten ruhen lassen. Die Brotwürfel unter den Salat heben und nochmals 15 Minuten ziehen lassen.

KARTOFFELSALAT

ZUTATEN

2	KG	Kartoffeln
1	Mittelgroße	Zwiebel
250	ML	Geflügelbrühe
3	EL	Weißweinessig
2	EL	Mittelscharfer Senf
250	GR	Mayonnaise
6	Kleine	Gewürzgurken

ZUBEREITUNG

Die Kartoffeln wie Pellkartoffeln in gesalzenem Wasser kochen, abgießen und abkühlen lassen. Nach dem Abkühlen pellen und in nicht zu dünne Scheiben schneiden.

Die Brühe aufkochen und die gehackte Zwiebel mit der Brühe aufkochen und etwa 5 Minuten darin ziehen lassen. Danach den Essig hinzugeben. Den Herd abschalten und gut abkühlen lassen.

Die Gewürzgurken in kleine Würfel schneiden und mit dem Senf unterrühren. Die fertiggestellte Mischung über die Kartoffelscheiben verteilen und ziehen lassen.

Die Mayonnaise mit ein bisschen Gewürzgurkenflüssigkeit aufrühren und auf die Kartoffel geben. Sehr vorsichtig unterheben und 30 Minuten ziehen lassen.

ROTE BEETE SALAT

ZUTATEN

500	GR	Rote Bete
1	Rote	Zwiebel
10	Halbierte	Walnüsse
1	Große	Äpfel
2	EL	Apfelessig
2	EL	Olivenöl
1	TL	Honig
1	TL	Meerrettich
1	Prise	Salz
1	Prise	Pfeffer

ZUBEREITUNG

Die Rote Bete waschen sowie schälen und in grobe Streifen schneiden. Die Zwiebel schälen, in halbe Ringe schneiden und hinzugeben. Die Walnüsse möglichst grob hacken und hinzufügen.

Den zuvor in Würfel geschnittenen Apfel mit dem Apfelessig, dem Olivenöl, dem Honig und dem Meerrettich vermischen

und mit Salz und Pfeffer und Salz
abschmecken.
Unter die Rote Bete mischen und etwa eine
Stunde ziehen lassen.

COUSCOUS SALAT

ZUTATEN

250	GR	Couscous
250	ML	Gemüsebrühe
1	EL	Tomatenmark
1	Halbe	Gurke
3	Ganze	Paprikaschoten (Rot, Gelb und Grün)
1	Dose	Mais
1/2	Bund	Petersilie
1/2	Bund	Lauchzwiebel
2	EL	Apfelessig
3	EL	Pflanzenöl
1	Prise	Salz
1	Prise	Pfeffer

ZUBEREITUNG

Den Couscous mit der aufgekochten Gemüsebrühe übergießen und etwa 15 Minuten ziehen lassen. In dieser Zeit die Gurke, die zuvor entkernten Paprikaschoten sowie das Grünzeug waschen trocken tupfen und kleinschneiden.

Tomatenmark, Apfelessig und das Pflanzenöl mit dem Couscous vermengen. Das Kleingehackte mit dem Couscous vermischen und mit Salz und Pfeffer abschmecken.

SELLERIESALAT

ZUTATEN

750	GR	Knollensellerie
500	ML	Wasser
2	EL	Zucker
1	EL	Salz
5	EL	Essig
1	Große	Zwiebel
1	EL	Pflanzenöl

ZUBEREITUNG

Den Sellerie schälen, vierteln und in leicht gesalzenem Wasser dünsten bis es gar geworden ist. Dann mit einem Messer in kleine Stücke schneiden.

Die Zwiebel schälen und ebenfalls klein schneiden. Beides in eine Schüssel geben. Einen Teil des zuvor gekochten Wassers gut abkühlen lassen, mit dem Essig sowie den anderen Gewürzzutaten verühren und abschmecken. Anschließend mit dem Pflanzenöl und dem Salat vermischen.

LAUCHSALAT

ZUTATEN

2		StangenLauch
50	GR	Sultaninen
15	GR	Wacholderbeeren
60	GR	Gehobelte Mandeln
4	EL	Olivenöl
2	EL	Apfelessig
1	Prise	Salz
1	Prise	Pfeffer

ZUBEREITUNG

Den Lauch längs halbieren und die Enden abschneiden. Gründlich unter fließendem Wasser waschen, dann mit einem Küchentuch trocken tupfen. Anschliessend in feine Streifen schneiden und in eine Schüssel geben.

In einer Pfanne 1 EL Olivenöl erhitzen. Die Mandeln, Sultaninen sowie Wacholderbeeren in der Pfanne röten. Die gerösteten Zutaten in die Schüssel über den Lauch geben und 5 Minuten ziehen lassen.

Danach 3 EL Olivenöl mit dem Pfeffer, dem Salz sowie dem Apfelessig vermischen und ebenfalls in den Salat geben. Das Ganze gut mischen und etwa weitere 5 Minuten ruhen lassen.

PASTA

PENNE MIT TOMATEN

ZUTATEN

500	GR	Penne
100	ML	Olivenöl
1	Dose	Pürierte Tomaten
2	Zehen	Knoblauch
1	Große	Zwiebel
1	Zweig	Salbei
1/2	Bund	Petersilie
3	Zweige	Oregano
1	Prise	Salz
1	Prise	Pfeffer
100	GR	Parmesan

ZUBEREITUNG

Die Zwiebel, die Knoblauchzehen sowie die Kräuter klein hacken. In einem Topf das Olivenöl erhitzen. Zwiebel und Knoblauch darin ganz leicht garen. Danach die Kräuter hinzugeben und bei schwacher Hitze ein wenig weiterdünsten.

Die pürierten Tomaten vorsichtig hineinrühren. Zum Schluss mit Saz und

Pfeffer abschmecken und die Sauce solange köcheln lassen bis sie dickflüssig wird.

Die zuvor gekochten Penne hinzugeben und alles gut vermischen. Auf die Teller verteilen und jeweils mit Parmesan bestreuen.

SPAGHETTI MIT KAROTTEN

ZUTATEN

250	GR	Karotten
1/2	Bund	Lauchzwiebel
500	GR	Spaghetti
150	ML	Gemüsebrühe
50	ML	Sahne
1	Prise	Salz
1	Prise	Pfeffer
5	EL	Olivenöl

ZUBEREITUNG

Die Nudeln in Salzwasser etwa 9 Minuten kochen. Während dessen die Möhren schälen, waschen und trockentupfen. Die Frühlingszwiebeln waschen, trocken tupfen und in Ringe schneiden. Die Karottenenden abschneiden. Mit einem Schäler der Länge nach dünne Scheiben schneiden.

Olivenöl in einem kleinen Topf erhitzen und die Möhren darin garen. Danach die Frühlingszwiebeln hinzugeben und kurz mitgaren. Mit der Gemüsebrühe ablöschen und nocheinmal kurz aufkochen.

Die Sahne hineinrühren und nochmal aufkochen. Mit Salz und Pfeffer abschmecken. Die bissfesten Spaghetti unterheben und gut vermischen.

TAGLIATELLE MIT LAUCH

ZUTATEN

2	STCK.	Lauchstangen
500	GR	Tagliatelle
2	Zehen	Knoblauch
150	ML	Brühe
50	ML	Sahne
1	Prise	Salz
1	Prise	Pfeffer
5	EL	Olivenöl

ZUBEREITUNG

Die Tagliatelle in Salzwasser etwa 9 Minuten kochen. Die Lauchstangen waschen, trocken tupfen und in Ringe schneiden. Die Knoblauchzehen schälen und klein hacken.

Olivenöl erhitzen und den Knoblauch darin garen. Die Frühlingszwiebeln dazugeben und mitgaren. Mit der Gemüsebrühe ablöschen und kurz aufkochen.

Die Sahne hineinrühren und alles nochmal kurz aufkochen. Mit Salz und Pfeffer abschmecken und zum Schluss die abgegossenen Tagliatelle unterheben. Gut vermischen.

RIGATONI MIT AUBERGINEN

ZUTATEN

500	GR	Rigatoni
3	Zehen	Knoblauch
2	Dünne	Auberginen
3	Große	Tomaten
1	Große	Zwiebel
100	GR	Crème fraîche
3	EL	Olivenöl
1	Prise	Salz
1	Prise	Pfeffer
*		Parmesan (je nach bedarf)

ZUBEREITUNG

Etwa 2,5 Liter Nudelwasser aufsetzen und zum kochen bringen. In der Zwischenzeit die Auberginen putzen, waschen, längs halbieren und in Scheiben schneiden. Die Zwiebel sowie den Knoblauch schälen und klein hacken. Tomaten waschen und in kleiine Würfel schneiden.

Die Nudeln in das kochende Wasser geben und etwa 9 Minuten kochen lassen. Zur gleichen Zeit das Olivenöl in der einer Pfanne erhitzen und die Zwiebeln und den Knoblauch darin dünsten.

Nun die Auberginen und Tomaten zugeben und ca. 10 Minuten weiter dünsten. Jetzt die gut abgetropften Nudeln bei geben und die Creme fraiche unterrühren. Mit Salz und Pfeffer abschmecken und mit dem Parmesan bestreuen.

FUSSILLI MIT PILZEN

ZUTATEN

300	GR	Fusilli Nudeln
500	GR	Champignons
1/2	Bund	Lauchzwiebeln
3	EL	Sonnenblumenöl
1	Prise	Salz
1	Prise	Pfeffer
3	Zweige	Oregano
2	Zehen	Knoblauch
250	ML	Klare Brühe
100	ML	Schlagsahne

ZUBEREITUNG

Die Champignons putzen und anschliessend vierteln. Die Lauchzwiebeln waschen und in nicht zu dünne Ringe schneiden, die Knoblauchzehe klein hacken.

Das Öl in einem Topf erhitzen und den Knoblauch hineingeben. Etwas später die Lauchzwiebeln und die Pilze dazugeben und kurz mitbraten lassen. Salz, Pfeffer sowie den frischen Oregano hineingeben und mit der klaren Brühe auffüllen. Die Pilze gut durchgaren. Abschlieβend die Sahne hineinrühren und köcheln lassen bis die Soβe dickflüssig geworden ist.

Die Fusilli ins gesalzene Kochwasser geben und etwa 9 Minuten kochen. Sobald die Fusilli bissfest geworden sind aus dem Wasser nehmen und in den Topf mit der Soβe geben. Gut vermischen und servieren.

GNOCCHI MIT PESTO

ZUTATEN

500	GR	Gnocchi
2	STCK.	Reife Avocados
2	Bund	Basilikum
8	EL	Olivenöl
100	GR	Pinienkerne
2	EL	Zitronesaft
2	Zehen	Knoblauch
100	GR	Parmesan
1	Prise	Salz
1	Prise	Pfeffer
50	GR	Butter

ZUBEREITUNG

Die Avocados in der Mitte durchschneiden, den Kern entfernen und das Fruchtfleisch aus der Schale nehmen. Basilikumblätter waschen und trocken tupfen. Knoblauchzehen schälen und mit Avocado, Basilikum, Zitronensaft, Pinienkerne und dem Olivenöl in einem Küchenmixer fein pürieren.

Danach die Butter in einer Pfanne erhitzen und die Gnocchi darin goldbraun braten. Die Hitze reduzieren, dann den Avocado-Pesto und die Gnocchi hinzufügen und alles gut vermischen. Mit Salz und Pfeffer abschmecken.

Die Gnocchi auf Tellern anrichten und mit Parmesan bestreuen.

TORTELLINI MIT SPINAT

ZUTATEN

500	GR	Tortellini
500	GR	Spinat
200	ML	Süße Sahne
1	Prise	Salz
1	Prise	Pfeffer
50	ML	Gemüsebrühe
100	GR	Parmesan

ZUBEREITUNG

Tortellini im Wasser nur solange kochen bis sie bissfest sind. Danach aus dem Topf nehmen und absieben.

Den Spinat mit der Gemüsebrühe dünsten. Die Sahne hinzufügen und kurz kochen lassen.

Mit Salz und Pfeffer abschmecken. Tortellini in die Spinatsoße geben, verühren und zum servieren auf die Teller verteilen. Parmesan auf die Teller streuen und servieren.

TORTIGLIONI MIT PAPRIKA

ZUTATEN

500	GR	Tortiglioni
1	Große	Zwiebel
2	Rote	Paprikaschoten
3	EL	Olivenöl
240	GR	Sahne
1/2	Bund	Petersilie
1	Prise	Salz
1	Prise	Pfeffer

ZUBEREITUNG

Die Tortiglioni in reichlich Salzwasser solange garen bis sie bissfest geworden sind. In der Zwischenzeit die Zwiebel schälen und klein schneiden.

Die Paprika waschen, trocken tupfen, der Länge nach halbieren und nach dem Entkernen in Streifen schneiden. Petersilie waschen und klein hacken.

Zutaten in einem Topf geben mit dem Olivenöl garen. Wenig später die Sahne unterrühren und 3 Minuten köcheln lassen.

Mit Salz und Pfeffer abschmecken. Die Nudeln abgießen und in den Topf mit der Soße geben. Alles noch einmal gut mischen und auf die Teller verteilen.

PACCHERI MIT THUNFISCH

ZUTATEN

24	STCK.	Paccheri
2	Dosen	Thunfisch in Öl
4	Reife	Tomaten
1/2	Bund	Basilikum
1	TL	Tomatenmark
2	STCK.	Paprika (eingelegte)
2	EL	Kapern
125	GR	Ricotta
1	Prise	Salz
1	Prise	Pfeffer

ZUBEREITUNG

Thunfisch vom Eigenöl trennen. Das Öl beiseite stellen. Den Thunfisch klein schneiden. Tomaten und Basilikum waschen und ebenfalls klein schneiden. Die eingelegte Paprika abtupfen, klein schneidenfein würfeln und mit Kapern klein hacken.

Alle Zutaten mit dem aufgefangenen Öl und dem Tomatenmark pürieren. Die Ricotta hinzugeben und nochmal verrühren. Mit Salz und Pfeffer abschmecken und 10 Minuten zur Seite stellen und ruhen lassen.

Paccheri in reichlich gesalzenem Wasser kochen bis sie aufgeweicht sind. In einem Sieb abgießen und zur Seite stellen. Mit der entstandenen Paste die Paccheri füllen auf Teller verteilen und servieren.

FARFALLE MIT ROSENKOHL

ZUTATEN

500	GR	Farfalle
250	GR	Rosenkohl
2	Rote	Chilischoten
3	Zehen	Knoblauch
4	Stiele	Petersilie
30	GR	Parmesankäse
3	EL	Olivenöl
1	Prise	Salz
1	Prise	Pfeffer

ZUBEREITUNG

Nudeln in kochendem Salzwasser nach Packungsanleitung bissfest garen.

Inzwischen Rosenkohl waschen, putzen, Strünke herausschneiden und Blättchen voneinander lösen. Rosenkohl in kochendem Salzwasser 3–5 Minuten blanchieren, abgießen, abschrecken und gut abtropfen lassen.

Chilischoten waschen, putzen und klein würfeln. Knoblauch schälen und in dünne Scheiben schneiden. Petersilie waschen, trockenschütteln, Blätter hacken. Parmesan reiben.

Öl in einer Pfanne erhitzen. Knoblauch darin bei mittlerer Hitze leicht braun anrösten. Chiliwürfel zugeben und 1 Minute mitdünsten. Rosenkohl untermengen.

Nudeln abgießen, abtropfen lassen und ebenfalls in die Pfanne geben und untermengen. Alles mit Salz und Pfeffer würzen und die Petersilie zugeben.

Pasta auf Teller verteilen und Parmesan darübergeben.

REISGERICHTE

EINFACHER GEMÜSEREIS

ZUTATEN

2	Tassen	Reis
3	Tassen	Gemüsebrühe
1	Kleine	Zwiebel
1	Kleine	Karotte
1	Kleine	Zucchini
1	Tasse	Erbsen aus der Dose
1	EL	Butter

ZUBEREITUNG

Die Zwiebel schälen und klein hacken. In einen Topf mit der Butter geben und dünsten. Den Reis hinzugeben und ein wenig anschwitzen. Das Ganze mit der Gemüsebrühe ablöschen.

Die Karotte schälen, waschen und klein schneiden. Die Zucchini waschen und klein schneiden. Gemüse komplett mit in den Topf geben und aufkochen. Danach bei niedriger Hitze köcheln lassen, bis der Reis gar ist.

REIS NACH UZBEKISCHER ART

ZUTATEN

500	GR	Rindfleisch
500	GR	Reis
500	GR	Möhren
2	Kleine	Zwiebeln
100	GR	Sultaninen
5	EL	Pflanzenöl
1	Liter	Fleischbrühe
1/2	TL	Salz
1/2	TL	Pfeffer
4	Zehen	Knoblauch

ZUBEREITUNG

Das Rinfleisch in fingerbreite Stücke. Zwiebel und Knoblauchzehen schälen und kleinschneiden. Die Möhren schälen und klein würfeln. Den Reis in einen Topf mit Wasser geben und ruhen lassen.

Das Pflanzenöl in einem Topf erhitzen und das das Rindfleisch unter mehmaligem Wenden auf allen Seiten anbraten. Die Zwiebel und den Knoblauch hinzugeben und ein wenig mitbraten. Die Möhrenstücke und 2 Tassen Fleischbrühe hinzugeben.

Herdtemperatur runtersetzen und das Ganze weitere 20 Minuten weitergaren. Den Reis absieben und mit den Sultaninen in den Topf mit dem Fleisch und den Karotten geben.

Alle Zutaten miteinander gut vermischen und mit der restlichen Fleischbrühe auffüllen. Das Gericht bei milder Hitze 20 Minuten garen und mit Salz und Pfeffer abschmecken.

REIS NACH MEXIKANISCHER ART

ZUTATEN

100	GR	Reis
1	Grosse	Zwiebel
250	GR	Pilze
500	ML	Brühe
200	GR	Kidneybohnen (Dose)
200	GR	Mais (Dose)
200	GR	Möhren (Dose)
1	Kleine	Paprikaschote
2	EL	Pflanzenöl
1	EL	Tomatenmark
1	Prise	Scharfer Paprika
1	Prise	Salz

ZUBEREITUNG

Die Zwiebel schälen und klein schneiden. Die Paprikaschote waschen, trocken tupfen und klein schneiden. Die Pilze mit einem kleinem Tuch putzen und in kleine Stücke schneiden.

Das Pflanzenöl in einer Pfanne erhitzen und die Zwiebel darin glasig dünsten. Die Paprika sowie die Pilze in den Topf geben und mitdünsten.

Den Reis mit den Gewürzen und dem Tomatenmark hinzugeben und unter ständigem Rühren garen. Die Brühe unterrühren und kurz aufkochen lassen. Den Reis zugedeckt und bei geringer Hitze vollständig garen.

Das Gemüse in einen Sieb geben und abtropfen lassen. Danach das Gemüse in den Reistopf geben und mit dem Reis gut vermischen. Mit Salz und dem Paprikapulver abschmecken.

REIS NACH PERUANISCHER ART

ZUTATEN

500	GR	Hähnchenbrustfilets
100	GR	Reis
4	EL	Pflanzenöl
1	Grosse	Zwiebel
3	Zehen	Knoblauch
1	Bund	Frühlingszwiebeln
4	Mittelgrosse	Eier
20	ML	Milch
20	ML	Sojasosse
1	Prise	Salz
1	Prise	Pfeffer
1	Prise	Paprikapulver

ZUBEREITUNG

Die Hähnchenbrüste in einer Pfanne mit 1 Esslöffel Pflanzenöl braten, herausnehmen und abkühlen lassen. Die Zwiebel sowie die Knoblauchzehen schälen und fein hacken. Die Frühlingszwiebeln schälen, waschen und nachdem Trockentupfen in kleine Ringe schneiden.

Den Reis kochen und vollständig absieben. Die Zwiebeln und den Knoblauch in die Pfanne geben und andünsten. Die Hähnchenbrüste in kleine Stücke schneiden und mit dem Reis zu den Zwiebeln und dem Knoblauch geben. Kurz weitergaren. Die Frühlingszwiebel hinzugeben. Mit Sojasauce ablöschen zum Mischen in eine grosse Schüssel geben.

Die Eier und die Milch mit dem Salz, dem Pfeffer und der Paprikapulver vermischen. Etwas Pflanzenöl in der Pfanne erhitzen und die Eiermischung hineingeben. Die Mischung etwas stocken lassen. Danach kurz wenden und weiterbacken. Zum Schluss in kleine Stückchen schneiden und ebenfalls in die Schüssel geben. Alles in der Schüssel noch einmal gut durchmischen und mit dem Salz zowie dem Pfeffer noch einmal abschmecken unda uf Teller verteilen.

REIS NACH INDONESISCHER ART

ZUTATEN

500	GR	Reis
500	GR	Rinderschnetzeltes
1	EL	Tomatenmark
4	EL	Pflanzenöl
2	Grosse	Zwiebel
1	Grosse	Paprikaschote
4	EL	Sojasauce
2	TL	Currypulver
5	Grosse	Eier
1	Halbe	Zitrone (Saft)
1	Prise	Salz
1	Prise	Pfeffer

ZUBEREITUNG

Den Tomatenmark mit dem Zitronesaft und der hälfte der Sojasoße und ein Esslöffel Pflanzenöl gut vermischen und in das Rindergeschnetzelte hineingeben. Zur Seite stellen und bei Raumtemperatur etwa 1 Stunde ruhen lassen.

Zur gleichen Zeit den Reis mit reichlich Wasser aufkochen. Danach absieben und ebenfalls zur Seite stellen. Die Zwiebel schälen und klein schneiden. Die Paprikaschote waschen, trockentupfen und in kleine Ringe schneiden.

Eine Pfanne mit dem Pflanzenöl erhitzen und das Fleisch darin unter ständigem Wenden braten. Die Zwiebeln und die Paprika hinzugeben. Kurz mitgaren und anschliessend die restliche Sojasauce mit den Gewürzen unterrühren.

Den Reis hinzugeben und vermischen. Die Eier kurz aufschlagen und mit dem Gericht unter ständigem Rühren vermischen. Auf Tellern verteilen.

REIS NACH SPANISCHER ART

ZUTATEN

250	GR	Reis
500	GR	Hühnerleber
500	GR	Erbsen aus der Dose
500	ML	Hühnerbrühe
1	Dose	Würfeltomaten
2	Kleine	Zwiebel
2	Zehen	Knoblauch
2	EL	Pflanzenöl
1	Prise	Salz
1	Prise	Pfeffer

ZUBEREITUNG

Die Zwiebel und den Knoblauch schälen und klein schneiden. Die grünen Bohnen bzw. Erbsen aus der Dose in einen Sieb geben und abtropfen lassen. Die gewürfelten Tomaten vom Saft trennen und zur Seite stellen.

Die Hälfte der gehackten Zwiebel und des Knoblauchs in einer Pfanne mit etwas Pflanzenöl andünsten. Den Reis hinzugeben und den Topf mit der hälfte der Hühnerbrühe sowie dem Saft der Tomaten auffülen. Herd runterdrehen und bei nierdriger Temperatur und geschlossenem Topf gar werden lassen.

Die estlichen Zwiebel und Knoblauch mit der Hühnerleber und dem restlichen Pflanzenöl bei hoher Hitze anbraten. Mit der restlichen Brühe ablöschen. Die grünen Bohnen bzw. die Erbsen mit den gewürfelten Tomaten hinzugeben. Mit Salz und Pfeffer abschmecken und solange weiterdünsten bis alles gar geworden ist.

Den fertigen Reis mit der Leber und den Bohnen auf den Tellern anrichten und servieren.

REIS NACH ARABISCHER ART

ZUTATEN

2	EL	Butter
2	EL	Currypulver
200	GR	Reis
500	ML	Gemüsebrühe
1	Kleine	Ingwerwurzel
1	Stück	Kreuzkümmel
100	GR	Rosinen
1	Rote	Paprikaschote
1	Grüne	Paprikaschote
2	Kleine	Bananen
50	GR	Rohe Cashewnüsse
1	Prise	Salz
1	Prise	Pfeffer

ZUBEREITUNG

Reis und Curry mit einem Esslöffel Butter kurz erhitzen, mit Brühe löschen und garen. In der Zwischenzeit die Paprikaschoten entstielen, entkernen und in kleine Würfel schneiden. Die Ingwerwurzel schälen und ebenfalls in kleine Würfel schneiden. Die

Bananen schälen und in Scheiben schneiden.

Ingwer und Kreuzkümmel in der restlichen Butter anrösten. Die Rosinen, die Cashewnüsse sowie die klein gewürfelte Paprika hinzugeben und weiter dünsten lassen. Das Ganze mit dem Reis vermischen.

Zum Schluss die Bananenscheiben unterheben und mit Salz und Pfeffer abschmecken. Auf den Tellern anrichten.

REIS NACH ASIATISCHER ART

ZUTATEN

150	GR	Reis (Jasmin)
400	GR	Hähnchenbrust
4	EL	Sojasauce
1	EL	Tomatenmark
3	EL	Erdnussöl
1	Bund	Frühlingszwiebel
2	Kleine	Karotten (geraspelt)
1	Kleine	Zwiebel
1	Zehe	Knoblauch
3	Grosse	Eier
1	Prise	Salz
1	Prise	Pfeffer

ZUBEREITUNG

Sojasauce mit dem Tomatenmark und dem Ernussöl mireinander verrühren bis eine Marinade entsteht. Die Hähnchenbrust in kleine Stücke schneiden und mit der Marinade vermischen. Zur Seite stellen. Den Reis in gesalzenem Wasser kochen. Die Karotten schälen und in möglichst kleine Stücke schneiden und in den kochenden

Reis geben. Nach dem Garen in einen Sieb geben und abtropfen lassen.

Die Enden von den Frühlingszwiebeln abschneiden und waschen. Kurz trocken tupfen und in kleine Ringe schneiden. Die Zwiebel und den Koblauch schälen und klein hacken. Die Hähnchenbruststücke mir der Marinade in eine Pfanne geben und anbraten. Danach rausnehmen und ruhen lassen. In der Zwischenzeit die Frühlingszwiebeln, die gehackten Zwiebel und den Knoblauch in die bereits erhitzte Pfanne geben und kurz anbraten.

Danach den Reis mit den Karotten hinzugeben und alles unter umrühren kurz anbraten. Die Hähnchenbruststücke hinzufügen und alles noch einmal gut vermnischen. Die Eier verquirlen und unterrühren. Kurz stocken lassen. Mit Salz und Pfeffer abschmecken unda uf den Tellern anrichten.

RISOTTO MIT PILZEN

ZUTATEN

250	GR	Reis (Arborio)
1000	ML	Gemüsebrühe
500	ML	Weißwein
250	GR	Champignons
1	Stange	Lauch
60	GR	Butter
2	EL	Olivenöl
50	GR	Parmesan

ZUBEREITUNG

Den Lauch waschen und in Ringe schneiden. Die Champignons mit einem Tuch putzen und ebenfalls in Scheiben schneiden schneiden. Die Butter und das Olivenöl in einer Pfanne erhitzen. Den Lauch und die Champignons hineingeben und bei nicht zu starker Hitze dünsten bis die Zutaten aufgeweicht sind.

In der Zwischenzeit die Gemüsebrühe in einem Topf kochen, den Wein hinzugeben und nochmal kurz aufkochen.

Den Reis zu dem Gemüse geben, vermischen und kurz mitdünsten. Eine Kelle Brühe hinzufügen und rühren. Sobald die Flüssigkeit aufgesogen ist eine weitere Kelle Brühe hinzugeben. Dies wird solange wiederholt bis der Reis weich geworden ist.

Kurz vor dem Servieren Parmesan hineinreiben und zum Servieren anrichten.

REIS NACH BALKANISCHER ART

ZUTATEN

350	GR	Rindfleisch
1	Mittelgrosse	Zwiebel
25	GR	Butter
100	GR	Reis
500	ML	Wasser
1	Würfel	Rinderbrühe
2	Mittelgrosse	Tomaten
1	Grosse	
	Paprikaschote	
1	TL	
	Paprikapulver	
1	Prise	Salz

ZUBEREITUNG

Die Zwiebel schälen, schneiden und mit der Butter in einen Topf geben. Das Rinderfleisch in Streifen schneiden und mit in den Topf geben. Die Zutaten bei hoher Hitze unter ständigem Wenden anbraten.

Mit dem Wasser ablöschen. Den Reis den Suppenwürfel dazugeben. Gut durchrühren und das Ganze bei niedriger Temperatur etwa 5 Minuten garen.

Die Tomaten sowie die Paprikaschote entstielen, entkernen, in Würfel schneiden und zu dem Reis geben. Mehrmals wenden und nochmals 10 Minuten garen.

Mit Paprikapulver und Salz abschmecken und auf den Tellern anrichten.

EINTÖPFE

LINSENEINTOPF

ZUTATEN

1	Stange	Lauch
4	Stück	Rinderwürstchen
2	EL	Öl
2	EL	Butter
200	GR	Rote Linsen
4	Stiele	Petersilie
1000	ML	Rinderbrühe
1	Prise	Salz
1	Prise	Pfeffer
1	Prise	Majoran
1	STCK.	Lorbeerblatt

ZUBEREITUNG

Den Lauch waschen und putzen und in schmale, runde Streifen schneiden. Die Petersilie waschen, trocken tupfen und klein hacken.

Öl in einem Topf erhitzen und die Butter reingeben. Den Lauch sowie die roten Linsen dazugeben und kurz dünsten. Danach mit der Rinderbrühe ablöschen und mit Salz, Pfeffer, Majoran und dem Lorbeerblatt würzen.

Die Linsensuppe kurz aufkochen lassen und danach bei geschlossenem Deckel und niedriger Temperatur etwa 15 Minuten garen.

In der Zwischenzeit die Rinderwürstchen in kleine Ringe schneiden 5 Minuten vor Ende der Garzeit mit in die Suppe geben.

Die Suppe auf die Teller verteilen und mit gehackter Petersilie bestreuen.

WIRSINGEINTOPF

ZUTATEN

1	Mittelgrosser	Wirsing
5	Mittelgrosse	Kartoffeln
350	ML	Brühe
1	EL	Butter
1	Kleine	Zwiebel
1	Prise	Salz
1	Prise	Pfeffer

ZUBREITUNG

Die äußeren Wirsingblätter und den Strunk des Wirsings entfernen. Die Kartoffeln schälen und mit dem Wirsing in kleine Stücke schneiden. Die Zwiebel schälen und kleinhacken. Die Butter im Topf erhitzen und die kleingehackten Zwiebel darin dünsten.

Dann den Wirsing, die Kartoffeln sowie die Brühe hineingeben und einmal gut durchrühren. Das Ganze bei geschlossenem Deckel etwa 15 Minuten bei mittlerer Hitze

kochen. Zum Scluss mit Salz und schwarzem
Pfeffer würzen. Auf den Tellern anrichten.

ERBSENEINTOPF

ZUTATEN

425	GR	Erbsen aus der Dose
4	STCK.	Rindswürstchen
1	EL	Butter
1500	ML	Wasser
1	Große	Zwiebel
200	GR	Karotten
150	GR	Knollensellerie
250	GR	Kartoffeln
3	Stiele	Petersilie
1	TL	Majoran
1	Prise	Salz
1	Prise	Pfeffer

ZUBEREITUNG

Die Zwiebel, den Selleriekopf, die Kartoffeln
sowie die Karotten schälen und in kleine
Würfel schneiden. Die Petersilienstiele
kleinhacken und zur Seite stellen.

Die Butter in einem Topf erhitzen. Das gewürfelte Gemüse dazugeben und kurz anbraten. Die Erbsen und das Wasser dazugeben und gut durchrühren. Das Gemüse etwa 45 Minuten köcheln lassen und zwischendurch immer wieder umrühren.

Danach die Kartoffeln sowie den Majoran zugeben und etwa 20 Minuten weiterkochen. Mit Salz und Pfeffer abschmecken und die Würstchen hineingeben.

Zum Schluss auf die Teller verteilen und die Petersilie darüber streuen.

BOHNENEINTOPF

ZUTATEN

500	GR	Weiße Bohnen
1500	ML	Wasser
1	Bund	Suppengrün
4	Stück	Rindswürstchen
1	EL	Butter
250	GR	Zwiebeln
250	GR	Kartoffeln
1	EL	Tomatenmark
1	TL	Majoran
1	Prise	Pfeffer
1	EL	Paprikapulver
1	Prise	Salz

ZUBEREITUNG

Die Bohnen in 2 Liter Wasser etwa 12 Stunden einweichen. Die Zwiebeln und die Kartoffeln schälen und klein würfeln.

Die Butter in einem großen Topf erhitzen. Suppengrün, Zwiebeln und Kartoffeln in der Butter andünsten.

Die weißen Bohnen mit dem Einweichwasser, dem Tomatenmark, dem Majoran, der Paprika hinzufügen. Alles gut vermischen. Zum Kochen bringen. Etwa 1 Stunde garen.

Wurst in dünne Scheiben schneiden und zum Schluss etwa 10 Minuten mitgaren. Mit Salz, Pfeffer und Paprika abschmecken. Auf die Teller verteilen.

GEMÜSEEINTOPF

ZUTATEN

1500	ML	Wasser
1	Grosse	Sellerie
3	Grosse	Paprikan
1	Mittelgrosse	Porree
2	Mittelgrosse	Zucchini
2	Mittelgrosse	Möhren
2	Mittelgrosse	Kartoffeln
1	Mittelgrosse	Zwiebeln
2	EL	Pflanzenöl
1	EL	
	Tomatenmark	
1	Prise	Salz
1	Prise	
	Paprikapulver	

ZUBEREITUNG

Das Gemüse schälen, waschen und würfeln. Die Zwiebel ebenfalls schälen, würfeln in einem großen Topf im zuvor erhitzten Pflanzenöl anbraten.

Nach und nach die Möhren, die Sellerie, die Kartoffeln, die Paprikaschote, den Zucchini und zum Schluss den Lauch dazu geben und leicht mit anbraten. Danach das Wasser und den Tomatenmark dazugeben und gut durchrühren.

Bei geschlossenem Topf und mittlerer Hitze so lange köcheln, bis alles gar ist. Mit den Gewürzen abschmecken unda uf den Tellern anrichten.

RATATOUILLE

ZUTATEN

2	Grosse	Karotten
2	Grosse	Paprika
1	Grosse	Auberginen
2	Grosse	Zucchini
1	Grosse	Zwiebeln
2	Zehen	Knoblauch
1	Prise	Rosmarin
2	EL	
	Tomatenmark	
2	EL	Pflanzenöl
100	ML	Wasser
1	Prise	Salz
1	Prise	Pfeffer

ZUBEREITUNG

Die Karotten, den Knoblauch und die Zwiebel schälen und mit der Zucchini, der Paprika, der Aubergine würfeln.

Das Gemüse in dem zuvor erhitzten Pflanzenöl nacheinander, beginnend mit dem festeren Gemüse, anbraten. Den

Rosmarin mit der Zwiebel zu dem Gemüse geben und mitbraten.

Tomatenmark und Wasser vermischen und damit das Gemüse löschen. Mit Salz und Pfeffer abschmecken und servieren.

MÖHRENEINTOPF

ZUTATEN

1000	GR	Möhren
500	GR	Kartoffeln
50	GR	Butter
2	Mittelgrosse	Zwiebeln
500	ML	
	Gemüsebrühe	
4	STCK.	Würstchen
1	Prise	Salz
1	Prise	Pfeffer
1	Halbes Bund	Petersilie

ZUBEREITUNG

Die Möhren sowie die Kartoffeln schälen, waschen und in Würfel schneiden. Die Petersilie waschen und klein hacken. Die Zwiebel schälen und in möglichst kleine Stücke schneiden.

Die Butter im Topf erhitzen. Die Zwiebeln in der Butter anbraten. Die Kartoffel und Möhren hinzufügen und mitbraten. Mit der Brühe löschen und das Gemüse im zugedeckten Topf etwa 30 Minuten gar werden lassen. Nach 20 Minuten die Würste in Scheiben schneiden und dazugeben.

Am Ende mit Salz und Pfeffer abschmecken und auf den Tellern anrichten. Die gehackte Petersilie auf die Teller streuen.

KARTOFFELEINTOPF

ZUTATEN

500	GR	Kartoffeln
750	ML	
	Gemüsebrühe	
1	Kleine	Zwiebel
1	Kleiner	Wirsing
1	Mittelgrosse	Karotte
1	TL	Pflanzenöl
2	EL	Schmand
1	Prise	Salz
1	Prise	Pfeffer

ZUBEREITUNG

Die Zwiebel schälen und in kleine Würfel schneiden. Den Wirsing ebenfalls in kleine Stücke schneiden. Das Planzenöl in einer Pfanne erhitzen und die Zwiebelstücke mit dem Wirsing darin anbraten.

Mit etwa 250 ml Gemüsebrühe ablöschen und mit dem Salz und den Pfeffer würzen. Etwa 15 Minuten lang bei niedriger Hitze garen.

Die Kartoffelun die Karotte schälen in kleine Würfel schneiden und in 500 ml Gemüsebrühe weichgaren. Im Anschluss gut durchpürieren. Die weichgegarten Zwiebel und den Wirsing den Topf mit den Kartoffeln beigeben und gut durchrühren.

Den Schmand unter die Suppe mischen, mit Salz und Pfeffer abschmecken und servieren.

SPITZKOHLEINTOPF

ZUTATEN

500	GR	Rinderfleisch
500	ML	Rindfleischbrühe
1	STCK.	Spitzkohl
500	GR	Kartoffel
200	GR	Schmelzkäse
3	Grosse	Zwiebel
50	GR	Margarine
1	Prise	Salz
1	Prise	Pfeffer

ZUBEREITUNG

Das Fleisch in mittelgrosse Würfel schneiden. Den Spitzkohl putzen, vierteln, waschen, abtropfen lassen und in Streifen schneiden. Nicht vergessen den Strunk zu entfernen. Die Zwiebel und die Kartoffeln schälen und ebenfalls würfeln.

Das Fleisch mit den Zwiebeln in der zuvor erhitzten Butter beziehungsweise Margarine etwa 15 Minuten lang rundum braten. Mit der Brühe ablöschen und aufkochen. Weitere 10 Minuten garen.

Den Spitzkohl und die Kartoffeln zum Fleisch geben und noch weitere 20 Minuten bei nicht zu starker Hitze köcheln lassen.

Den Käse klein schneiden, unterheben und leicht schmelzen lassen. Den Eintopf mit Salz und Pfeffer abschmecken und auf die Tellern verteilen.

CHILI CON CARNE

ZUTATEN

500	GR	Rinderhack
200	ML	Rindfleischbrühe
1	Dose	Kidneybohnen
1	Dose	Mais
1	Dose	gewürfelteTomaten
1	Rote	Paprikaschote
1	Grüne	Paprikaschote
1	Rote	Chilischote
1	Mittelgrosse	Zwiebel
2	Grosse	Knoblauchzehen
2	EL	Olivenöl
2	EL	Tomatenmark
2	TL	Chilipulver
1	Prise	Salz
1	Prise	Pfeffer

ZUBEREITUNG

Die Paprika- und Chilischote waschen, putzen und halbieren, Das Kerngehäuse entfernen. Die Paprikaschote grob, die Chilischote sehr fein würfeln. Die Zwiebeln und die Knoblauchzehe schälen und hacken.

Das Öl in einem Topf erhitzen und die Zwiebeln sowie den Knoblauch darin anbraten. Das Hackfleisch zugeben und so lange braten, bis es nicht mehr aneinander klebt.

Tomatenmark, Chilipulver, Salz und Pfeffer hinzugeben und gut durchrühren. Mais und Kidneybohnen von ihrer Flüssigkeit trennen und in das Fleisch geben.

Die gewürfelten Tomaten samt ihrem Saft sowie die gewürfelten Paprikaschoten dazugeben, umrühren und bei niedriger Hitze etwa 25 Minuten köcheln lassen.

AUFLÄUFE

KOHLRABI AUFLAUF MIT KARTOFFELN

ZUTATEN

1	KG	Kartoffeln
2	Mittelgrosse	Kohlrabi
400	ML	Milch
125	ML	Wasser, ca.
100	GR	Frischkäse
50	GR	Schmelzkäse
1	TL	
	Gemüsebrühe	
1	Prise	Salz
1	Prise	Pfeffer
1/2	Bund	Petersilie
1	Prise	Muskat

*   etwas Mehl zum andicken.

ZUBEREITUNG

Die Kartoffeln schälen, in dicke Scheiben schneiden und in Salzwasser etwa 15 Minuten garen. Die Kohlrabi ebenfalls schälen, in dünne Scheiben schneiden und in Gemüsebrühe ebenfalls solange garen bis sie bissfest sind.

Die Kartoffeln mit den Kohlrabi in eine Auflaufform geben.

Aus Milch, etwas Wasser, Mehl oder Stärke, Kräuterfrischkäse, Schmelzkäse und Gewürze eine sämige Soße zubereiten und zum Schluss die Petersilie unterrühren. Die Soße über die Kartoffeln geben.

Die Kartoffeln sollten gerade eben bedeckt sein. Je nach Geschmack noch etwas geriebenen Käse geben und ca. 20 - 25 Min. bei 200 ° C in den Backofen schieben.

KARTOFFELAUFLAUF MIT LAUCH

ZUTATEN

200	GR	Edelpilzkäse
200	GR	Crème fraîche
750	GR	Lauch
750	GR	Kartoffeln
1	Prise	Salz
1	Prise	Pfeffer
1	EL	Pflanzenöl

ZUBEREITUNG

Die Wurzelenden abschneiden vom Lauch abschneiden. Die weißen und hellgrünen Teile vom Lauch der Länge nach halbieren, waschen und in feine Streifen schneiden. Die Kartoffeln waschen, schälen und in dünne Scheiben schneiden.

Die Auflaufform mit dem Pflanzenöl ausstreichen. Den Edelpilzkäse mit einer Gabel zerdrücken, mit der Crème fraîche verrühren und in einem kleinen Topf kurz erhitzen bis der Käse geschmolzen ist.

Den Backofen auf ca. 180 Grad vorheizen.

Die Kartoffel dachziegelartig in die Form schichten, dabei mit Salz und Pfeffer bestreuen. Die Lauchringe darüber streuen, salzen und pfeffern. Die Käsecreme darüber verteilen und den Auflauf auf der mittleren Schiene etwa 45 Minuten backen, bis die Oberfläche goldbraun ist.

BLUMENKOHLAUFLAUF

ZUTATEN

1	Kopf	Blumenkohl
3	Liter	Salzwasser
2	EL	Butter
200	ML	Milch
100	ML	Sahne
1	EL	Mehl
1	Prise	Muskat
1	Prise	Salz
1	Prise	Pfeffer
150	GR	Käse, gerieben
1	EL	Margarine

ZUBEREITUNG

Den Blumenkohl in kochendem Salzwasser garen. Abkühlen lassen, in Röschen teilen und in eine gefettete Auflaufform geben.

Die Butter in einem Topf zerlassen. Das Mehl hinzugeben und etwas anschwitzen. Die Milch und die Sahne hineingeben und bei mittlerer Hitze und unter ständigem

Rühren andicken lassen. Mit Muskat, Salz und Pfeffer abschmecken.

Die Sauce nun über den Blumenkohl gießen. Mit Raspelkäse bestreuen und im Backofen bei 180 °C etwa 20 Minuten überbacken.

NUDELAUFLAUF MIT PILZEN

ZUTATEN

250	GR	Nudeln
250	GR	Champignons
400	ML	Wasser
100	ML	Sahne
1	PCK.	Champignoncreme (Suppe)

ZUBEREITUNG

Geputzte, klein geschnittene Champignons in Öl anbraten. 400 ml Wasser und 100 ml Sahne dazugießen, Suppe einrühren und kurz aufkochen lassen.

Nun die ungekochten Nudeln in eine flache Auflaufform geben und die Soße darüber gießen. Die Nudeln sollen ganz Soße bedeckt sein.

Das ganze noch mit Käse bestreuen und im Vorgeheizten Backofen bei 200C ca. 25 Min. Baçken

BROKKOLI AUFLAUF MIT SPECK

ZUTATEN

500	GR	Brokkoli
500	GR	Kartoffeln
200	GR	Frühstücksspeck
50	GR	Butter
50	GR	Mehl
500	ML	Gemüsebrühe
200	ML	Sahne
200	GR	Käse, geriebener
1	Prise	Salz
1	Prise	Pfeffer

ZUBEREITUNG

Kartoffeln in Salzwasser gar kochen. Brokkoli putzen und ebenfalls in Salzwasser gar kochen. In der Zwischenzeit aus der Butter und dem Mehl eine hellbraune Mehlschwitze bereiten.

Dieser langsam die Gemüsebrühe zufügen, dabei ständig rühren. Nun die Sahne zufügen und die Hälfte des Käse darin schmelzen lassen.

Den Frühstückspeck in einer Pfanne ohne Fett knusprig braten. In eine gefettete Auflaufform die Kartoffeln und den Brokkoli schichten und die Sauce darüber gießen.

Mit der zweiten Hälfte des Käse bestreuen und im Backofen bei 200 Grad ca. 20 Min. überbacken.

Vor dem Servieren die Baconscheiben auf dem Auflauf dekorieren.

ZUCCHINI AUFLAUF MIT KARTOFFELN

ZUTATEN

750	GR	Kartoffeln
250	GR	Zwiebeln
300	GR	Zucchini
4	EL	Öl
1	Prise	Salz
1	Prise	Pfeffer
1	TL	Paprikapulver
1/2	Bund	Petersilie
200	GR	Schmelzkäse
100	GR	Schlagsahne
150	ML	Milch

ZUBEREITUNG

Kartoffeln ca. 10-15 Min. vorkochen, sie sollen nicht ganz gar sein. Mit kaltem Wasser abschrecken und abkühlen lassen. Zwiebeln in Ringe, Zucchini in Scheiben schneiden.

3 EL Öl erhitzen und die Zwiebelringe darin glasig dünsten, Zucchini zugeben und 2 Min. mitdünsten. Leicht mit Salz und Pfeffer

würzen, vom Herd nehmen. Ofen auf 225°C vorheizen.

Kartoffeln pellen und in Scheiben schneiden. Eine feuerfeste Auflaufform mit dem restlichen Öl bestreichen. Das Gemüse abwechselnd mit den Kartoffeln in die Form schichten.

Petersilie grob hacken und darüberstreuen. Schmelzkäse mit Sahne und Milch glatt rühren und mit Paprikapulver würzen.

Käse-Sahne über dem Auflauf verteilen, im Ofen in ca. 20 Min. Überbacken und heiss servieren.

GEMÜSE AUFLAUF

ZUTATEN

600	GR	Kartoffeln
400	GR	Brokkoli
600	GR	Rosenkohl
300	GR	Möhren
500	ML	Gemüsebrühe
1	Große	Zwiebeln
2	EL	Margarine
20	GR	Fett für die Form
2	EL	Mehl
100	ML	Milch
50	GR	Käse
1	Prise	Salz
1	Prise	Pfeffer

ZUBEREITUNG

Die Kartoffeln waschen und in Wasser ca. 20 Minuten kochen. In der Zwischenzeit Brokkoli und Rosenkohl putzen und waschen. Den Brokkoli und in Röschen teilen und den Rosenkohl halbieren. Die Möhren schälen, waschen und in Stücke schneiden. Die Gemüsebrühe aufkochen und Möhren darin ca. 10 Minuten garen. Nach ca. 5 Minuten den Rosenkohl und den Brokkoli hinzufügen.

Die Zwiebel schälen und fein würfeln. Das Gemüse abgießen und die Gemüsebrühe dabei auffangen. 400 ml von der Brühe abmessen. Die Kartoffeln abgießen, abschrecken und pellen. Nun Butter oder Margarine erhitzen und die Zwiebelwürfel darin garen. Mit Mehl bestäuben und weiter anschwitzen. Nach und nach unter ständigem Rühren mit der abgemessenen Gemüsebrühe und der Milch ablöschen und unter Rühren aufkochen. Nun etwa die Hälfte vom Käse unterrühren und mit Salz und Pfeffer abschmecken.

Das Gemüse samt den Kartoffeln in eine gefettete Auflaufform füllen. Die Sauce darüber gießen und mit den restlichen Käse bestreuen. Den Auflauf im heißen Backofen bei 180°C Umluft etwa 20 Minuten überbacken. Heiß servieren.

SAUERKRAUTAUFLAUF

ZUTATEN

1	KG	Kartoffeln
500	GR	Sauerkraut
1	Grosse	Zwiebel
1	Großer	Apfel
500	GR	Nackenfleisch
200	ML	Crème fraîche
150	GR	Schmelzkäse
1	Prise	Salz
1	Prise	Pfeffer
2	EL	Butter

ZUBEREITUNG

Die Kartoffeln waschen, schälen und in Würfel schneiden. Im Salzwasser gar kochen. Anschliessend absieben und dabei ein bisschen vom Kochwasser auffangen. Die Kartoffeln mit diesem Wasser pürieren.

Anschliessend die Creme fraiche sowie den Schmelzkäse unterrühren und mit Salz und Pfeffer abschmecken.

Die Zwiebel schälen, würfeln und in der Butter andünsten, Sauerkraut und den zuvor geriebenen Apfel dazu geben und etwa 15 Minuten schmoren lassen.

Eine Auflaufform fetten und zuerst das Sauerkraut einfüllen. Darauf das Nackenfleisch geben und den Püree darüber verteilen. Etwa 1 Stunde im Backofen bei 180°C Grad backen. Heiss servieren.

WIRSINGAUFLAUF

ZUTATEN

1	Mittelgrossen	Wirsing
6	Grosse Speckstreifen	
40	GR	Butter
1	Mittelgrosse	Zwiebel
1	Prise	Salz
1	Prise	Pfeffer
200	ML	Gemüsebrühe
200	ML	Sahne
4	Mittelgrosse	Eier
400	GR	Gouda
1	Prise	Muskat
1	EL	Butter für die Form

ZUBEREITUNG

Wirsing waschen und in Streifen schneiden. Die Zwiebel schälen und in Ringel schneiden.
Speckstreifen in Butter auslassen. Zwiebelringe und Wirsing darin andünsten.

Mit der Gemüsebrühe ablöschen, etwa 10 Minuten garen lassen und mit Salz und Pfeffer abschmecken.

Die Sahne mit den Eiern und dem Goudakäse mischen und mit Muskat würzen.

Die gedünsteten Wirsingstreifen in eine gebutterte Auflaufform füllen, mit dem Sahne-Eier-Gemisch überziehen und im vorgeheizten Backofen bei 180 °C Ober- und Unterhitze etwa. 45 Minuten überbacken.

WEISSKOHLAUFLAUF

ZUTATEN

1	KG	Weißkohl
500	GR	Hackfleisch
20	GR	Margarine
250	ML	Brühe
250	ML	Milch
1	Grosse	Zwiebel
1	Dose	Champignons
1	EL	Planzenöl
1	Prise	Salz
1	Prise	Pfeffer
1	EL	Fett für die Form

ZUBEREITUNG

Weißkohl putzen, waschen und in Würfel schneiden. Kohlwürfel in der Margarine andünsten. Mit der Brühe ablöschen. Zugedeckt bei niedriger Hitze etwa 10 Minuten köcheln lassen.

Zwiebel in kleine Würfel schneiden. Champignons sieben und in grobe Stücke schneiden. Mit dem Pflanzenöl anbraten, abkühlen lassen und mit dem Hackfleisch mischen. Die Milch zugießen und alles zu einem losen Teig vermengen. Anschliessend mit dem Salz und dem Pfeffer abschmecken.

Den Boden der zuvor gefetteten Form mit der Hälfte der Weißkohlwürfel belegen und darüber eine dicke Schicht Fleischteig geben. Danach mit dem restlichen Weißkohl bedecken.

Etwas Brühe darüber gießen und im vorgeheizten Backofen bei 180 °C auf der mittleren Schiene etwa 40 Minuten backen.

Während des Backvorgangs ab und zu etwas Brühe nachgießen. Es ist zu vermeiden dass die Auflaufdecke zu trocken oder zu dunkel wird. Heiss servieren.

PINTXOS

PINTXOS MIT AUBERGINEN

ZUTATEN

6	Scheiben	Baguette
6	TL	Salsa Brava
1	Kleine	Aubergine
4	EL	Olivenöl
1	Prise	Salz
1	Prise	Pfeffer
50	GR	Fetakäse
50	GR	Walnüsse
2	EL	Petersilie

ZUBEREITUNG

Aubergine waschen und in dünne Scheiben schneiden. Olivenöl in einer Pfanne erhitzen und die Auberginenscheiben leicht anbraten bis sie gar sind. Mit Salz und Pfeffer bestreuen.

Baguettescheiben mit je einem Teelöffel Salsa Brava bestreichen. Auberginenscheiben falten und auf die Baguettescheiben legen.

Die Feta zerkrümeln, mit den gehackten Walnüssen und der Petersilie über die belegten Baguettescheiben streuen und servieren.

PINTXOS MIT SCHINKEN

ZUTATEN

6	Scheiben	Baguette
6	TL	Salsa Brava
6	Scheiben	Brie
50	GR	Rucola
6	Scheiben	Schinken
2	EL	
	Walnusskerne	

ZUBEREITUNG

Baguettescheiben mit Salsa Brava bestreichen und mit Brie belegen.

Den Rucola auf die Baguettescheiben verteilen und den Parmaschinken darauf setzen.

Die Walnusskerne über die Pinchos verteilen und servieren.

PINTXOS MIT SARDELLEN

ZUTATEN

8	Filets	Sardellen
4	Scheiben	Baguette
1	Mittelgrosse	Avocado
1	Kleine	Zitrone
2	Grosse	Tomaten
1	EL	Vinegrette

ZUBEREITUNG

Die Zitrone in 2 Hälften schneiden und den Saft auspressen. Die Avocado schälen und in Scheiben schneiden und mit dem Zitronensaft beträufeln.

Die Tomaten waschen, hälfteln und das Innere in eine kleine Schüssel geben.

Die Baguettescheiben nacheinander mit jeweils einer Scheibe Avocado, 2 Filets Sardellen und etwas von der Tomate belegen. Vinagrette darüber gießen und servieren.

PINTXOS MIT LACHS

ZUTATEN

4	Scheiben	Baguette
4	Scheiben	Lachs
1	EL	Mayonese
1	Mittelgrosses	Ei
4	Kleine	Essiggurken
4	STCK.	Zahnstocher

ZUBEREITUNG

Das Ei festkochen, abschrecken und schälen. Danach in Scheiben schneiden. Baguette-Scheiben mit etwas Mayonaise bestreichen.

Nacheinander jeweils mit einer Scheibe Lachs, eine Eischeibe und einer Essiggurke belegen. Mit dem Zahnstocher fixieren damit auch alles hält.

PINTXOS MIT SALAMI

ZUTATEN

4	Scheiben	Baguette
4	Scheiben	Salami
1	EL	Senf
4	Kleine Gewürzgurken	
4	STCK.	Zahnstocher

ZUBEREITUNG

Baguette-Scheiben mit Senf bestreichen und jeweils mit Salami und einer Gewürzgurke garnieren. Mit dem Zahnstocher fixieren und servieren.

PINTXOS MIT PAPRIKA

ZUTATEN

4	Scheiben	Baguette
4	Eingelegte	Paprika
1	EL	Quark
4	Grüne	Oliven
4	STCK.	Zahnstocher

ZUBEREITUNG

Baguette-Scheiben mit Quark bestreichen und mit den eingelegten Paprikaschoten belegen.

Mit jeweils einer grünen Olive garnieren und mit dem Zahnstocher fixieren.

125

PINTXOS MIT GARNELEN

ZUTATEN

4	Scheieben	Baguette
4	Grosse	Garnelen
4	Scheiben	Hartkäse
2	Scheiben	
	Gewürzgurke	
4	STCK.	Zahnstocher

ZUBEREITUNG

Baguette-Scheiben mit jeweils einer Scheibe Hartkäse, Gurke und Garnele belegen.

Mit dem Zahnstocher fixieren und servieren.

PINTXOS MIT THUNFISCH

ZUTATEN

4	Scheiben	Baguette
1	Dose	Thunfisch
(Öl)		
1	Grosses	Ei
1	Kleine	Zwiebel

ZUBEREITUNG

Das Ei festkochen, abschrecken und schälen. Danach in Scheiben schneiden. Die Zwiebel schälen und in Ringe schneiden

Baguette-Scheiben mit Thunfisch belegen. Mit jeweils einer Eischeibe und einem Zwiebelring garnieren.

PINTXOS MIT WEICHKÄSE

ZUTATEN

4	Scheiben	Baguette
4	Scheiben	Weichkäse
4	STCK.	
	Paprikaoliven	
1	EL	Butter
4	STCK.	Zahnstocher

ZUBEREITUNG

Baguettescheiben mit Butter bestreichen und mit jeweils einer Scheibe Weichkäse belegen und mit einer Olive garnieren.

Mit dem Zahnstocher fixieren und servieren.

TAPAS

GEFÜLLTE DATTELN

ZUTATEN

12	Scheiben Schinkenspeck	
24	Entkernte	Datteln
80	ML	Olivenöl
2	Zehen	Knoblauch
1	Prise	Salz
1	Prise	Pfeffer
24	STCK.	Zahnstocher

ZUBEREITUNG

Die Speckscheiben halbieren. In jede Speckscheibe eine Dattel einwickeln und mit einem Zahnstocher fixieren. Das Olivenöl mit den zuvor zerdrückten Knoblauchzehen bis kurz vor dem Rauchpunkt erhitzen.

Den Knoblauch entfernen und die eingewickelten Datteln bei ganz niedriger Hitze unter ständiger Begutachtung ausbacken, bis der Speck goldbraun ist.

Mit Salz und Pfeffer abschmecken und heiß servieren.

GESCHMORTE PAPRIKASCHOTEN

ZUTATEN

2	Große	Paprikaschoten
4	EL	Olivenöl
6	Zehen	Knoblauch
1	Prise	Salz

ZUBEREITUNG

Die Paprikaschoten waschen, abtupfen und in breite Streifen schneiden. Mit dem zuvor grob gehackten Knoblauch in dem Öl etwa 5 Minuten schmoren.

Mit dem Salz abschmecken. Im Knoblauchöl kühlen werden lassen.

Je nach Lust und Laune können die Paprikaschoten pur oder gefüllt mit Käse serviert werden.

GEFÜLLTE TOMATEN

ZUTATEN

24	STCK.	Kirschtomaten
1	Dose	Thunfisch in Öl
2	Kleine	Schalotten
1	EL	Butter
1	Bund	Petersilie
1	EL	Mayonnaise
1	Prise	Salz
1	Prise	Pfeffer

ZUBEREITUNG

Tomaten waschen und an der glatten Seite einen Deckel abschneiden. Mit einem kleinen Löffel aushöhlen. Thunfisch abtropfen lassen.

Schalotten fein hacken und in Butter weich dünsten. Anschliessend die Scharlotten mit dem Thunfisch im Mixer pürieren. Petersilie fein hacken, mit Mayonnaise unter die Masse mischen.

Mit Salz und Pfeffer abschmecken und in die Tomaten füllen. Die Tomatendeckel darauf setzen und servieren.

OFENZUCCHINI

ZUTATEN

4	Kleine	Zucchini
4	Zehen	Knoblauch
2	Zweige	Rosmarin
1	Prise	Salz
150	ML	Olivenöl

ZUBEREITUNG

Zucchini mit einem Sparschäler in Streifen schälen, kräftig salzen und etwa eine halbe Stunde ziehen lassen. Anschliessend trockentupfen und in eine Backform legen.

Knoblauchzehen schälen und jeweils in zwei Hälften schneiden. Die Rosmarinzweige zu den Zucchinis geben.

Alles mit dem Olivenöl beträufeln und im Backofen bei 200°C Umluft etwa 20 - 25 Minuten auf der zweiten Einschubleiste von unten garen. Je nach Bedarf zwischendurch wenden.

GEBRATENE PAPRIKA

ZUTATEN

250	GR	Bratpaprika
80	GR	Olivenöl
1	EL	Grobes Meersalz

ZUBEREITUNG

Die Paprika waschen, abtupfen und mit dem Zahnstocher durchstechen.

Olivenöl in einem Topf erhitzen und die Paprika darin rundum braten, bis die Haut Blasen wirft. Auf einem Teller anrichten, mit Fleur de Sel bestreuen und sofort servieren.

Dies ist eine schnell zubereitete, leckere Tapa die man man sehr gut mit Schinken und Hartkäse auf eine Platte kombinieren kann.

SAUTIERTE CHAMPIGNONS

ZUTATEN

750	GR	Kleine Champignons
4	Kleine	Schalotten
4	Zehen	Knoblauch
1	Grosse	Chilischoten
125	ML	Weisswein
1	EL	Gehackte Petersilie

ZUBEREITUNG

Champignons putzen. Schalotten und Knoblauchzehen schälen und fein hacken. Chilischote waschen und in feine Ringe schneiden.

Schalotten, Knoblauch und Chili in Olivenöl dünsten. Die Champignons zugeben und etwa 5 Minuten mitbraten. Mit dem Weisswein ablöschen.

Mit Salz und Pfeffer abschmecken. Die gehackte Petersilie unterrühren und servieren.

KARTOFFELN MIT KRÄUTERSOSSE

ZUTATEN

500	Gr	Kleine Kartoffeln
1	TL	Grobes Meersalz
1/2	Bund	Petersilie
10	Stiele	Koriander
2	Zehen	Knoblauch
1	Prise	Kreuzkümmel
1	EL	Weissweinessig
6	EL	Olivenöl
1	Prise	Pfeffer

ZUBEREITUNG

Kartoffeln mit einer Bürste gründlich waschen und abtupfen. Die Kartoffeln auf einem Backblech gleichmäßig verteilen. Im vorgeheizten Backofen bei Umluft 180 °C etwa 30 Minuten garen.

Währenddessen die Kräuter waschen, trocken tupfen. Einen Teil zum Garnieren zur Seite stellen. Den Rest von den Stielen zupfen und klein hacken.

Knoblauch schälen und in Scheiben schneiden. Die Kräuter, den Knoblauch, den Kreuzkümmel, Essig und Öl gut verrühren.

Mit Salz und Pfeffer kräftig abschmecken. Die Kräutersosse in einer Schale anrichten. Kartoffeln auf einer Platte anrichten und mit übrigen Kräutern garnieren. Servieren.

TORTILLA

ZUTATEN

750	GR	Kartoffeln
2	Grosse	Paprikaschoten
1	Große	Zwiebel
1	Grosse	Knoblauchzehe
5	EL	Olivenöl
1	Prise	Salz
1	Prise	Pfeffer
5	Grosse	Eier
100	ML	Milch
50	GR	Geriebener Hartkäse
3	Stiele	Petersilie

ZUBEREITUNG

Kartoffeln gründlich waschen und zugedeckt in reichlich kochendem Wasser ca. 20 Minuten kochen. Danach unter kaltem Wasser abschrecken, abtropfen lassen und etwa 2 Stunden abkühlen lassen. Nach 2 Stunden die Schale abziehen und in Scheiben schneiden. Paprika putzen, waschen und in kleine Würfel schneiden.

138

Zwiebeln und Knoblauch schälen. Zwiebel fein würfeln, Knoblauch durch eine Knoblauchpresse drücken.

1 EL Öl in einer beschichteten Pfanne erhitzen, Paprika, Zwiebel und Knoblauch darin für kurze Zeit dünsten. Mit Salz und Pfeffer würzen und herausnehmen. 4 EL Öl in die heiße Pfanne geben und die Kartoffeln unter Wenden etwa 5 Minuten braten. Mit Salz und Pfeffer würzen und danach die Paprika-Zwiebelmischung unterheben. Eier, Milch, Käse, ca. 1/2 TL Salz und etwas Pfeffer verquirlen. Die Mischung über die Kartoffel-Paprikamischung gießen. Zugedeckt bei schwacher Hitze etwa 10 Minuten stocken lassen. Tortilla auf einen flachen einen Teller gleiten lassen. Mit der gebräunten Seite nach oben wieder in die Pfanne geben und weitere 5 Minuten braten.

Petersilie waschen, trocken schütteln und die Blättchen in Streifen schneiden. Tortilla auf einer großen Platte oder einem großen Teller anrichten und in Dreiecke schneiden. Mit Petersilie bestreuen und servieren.

FLEISCHBÄLLCHEN IN TOMATE

ZUTATEN

2	Grosse	Zwiebeln
1	Grosse	Knoblauchzehe
1	Bund	Petersilie
500	GR	Rinderhackfleisch
1	Mittelgrosses	Ei
4	EL	Paniermehl
4	EL	Milch
2	EL	Tomatenmark
1	Prise	Salz
1/2	TL	Sambal Oelek
1	Prise	Kreuzkümmel
1	Prise	Koriander
1	Prise	Muskatnuss
3	EL	Olivenöl
500	GR	Tomaten
4	EL	Weisswein
1	Mittelgrosse	Chilischote

ZUBEREITUNG

Zwiebeln und Knoblauch schälen und in feine Würfel schneiden. Petersilie waschen, trocken tupfen. Blättchen, bis auf etwas zum Garnieren, von den Stielen zupfen und ein wenig zum garnieren zur Seite stellen. Den Rest klein hacken. Den Hackfleisch, die Hälfte der Zwiebeln, den Knoblauch, Ei, Paniermehl, Milch, Petersilie mit einem Esslöffel Tomatenmark verkneten.

Mit Salz, Sambal Oelek, je 1 Prise Kreuzkümmel und Koriander und etwas Muskat würzen. Zu 20 Hackbällchen formen. 2 EL Öl in einer Pfanne erhitzen. Hackbällchen darin rundherum etwa 8 Minuten braten. Für die Tomatensoße Tomaten waschen, putzen und in Würfel schneiden. 1 EL Öl erhitzen. Zwiebeln unter Wenden glasig dünsten. 1 EL Tomatenmark unterrühren, Tomaten und Weisswein dazugeben. Chili waschen, putzen, trocken tupfen und in dünne Ringe schneiden.

Tomaten aufkochen und mit Salz, Chili und Zucker abschmecken. Soße etwa 10 Minuten köcheln lassen. Soße und Bällchen in Schalen anrichten und mit Petersilie garnieren.

EINGELEGTER FETAKÄSE

ZUTATEN

400	GR	Schafskäse
5	Stiele	Thymian
3	Stiele	Basilikum
1	Grosse	Rote Zwiebel
1	Grosse	Knoblauchzehe
2	Kleine	Grüne Peperoni
4	EL	Olivenöl

ZUBEREITUNG

Kräuter waschen, trocken schütteln und trocken tupfen. Blättchen von den Stielen zupfen und klein hacken. Zwiebel schälen und in Ringe schneiden. Knoblauch schälen und fein würfeln. Peperoni waschen, putzen, trocken tupfen und in dünne Ringe schneiden.

Kräuter, Peperoni, Zwiebel, Knoblauch und Öl mischen. Käse in Würfel schneiden und mit dem vorbereiteten Kräuteröl etwa 20 Minuten marinieren. Mit ein bisschen Garnitur in einer Schale anrichten.

.